Oquedad

Oquedad

Ana María González

Seguin, Texas

Otras ediciones disponibles:
Audio: ISBN 978-1-61012-001-2
Ebook: ISBN 978-1-61012-002-9

Portada: Posadas, Argentina 2009
Foto: Ana María González
Diseño: Michael Godeck
Tipográfica: Candara

Primera Edición 2010
©Ana María González
Todos los derechos reservados.

Ediciones Chiringa
edicioneschiringa@gmail.com

Library of Congress Control Number: 2010928726
ISBN 978-1-61012-000-5

Indice

a ti...

Tu silencio

Tu silencio es la barrera
de los que no luchan.
La mañana gris, las plantas muertas.
Tu silencio refleja los peces que mueren
y las flores marchitas.
Tu silencio es un río de ilusiones
que no llegan a cumplirse.
La impunidad de los que abusan y ultrajan.
Tu silencio penetra la oscuridad
para encontrar una esperanza,
sacarla a flote y mostrarla al mundo
como la luz de ilusión
que a tantos nos hace falta.
Tu silencio es una mirada a la pobreza
que no podemos aceptar,
pero que tampoco culmina
con un tazón de arroz
o la caridad de los afortunados.
Es el agua que nos hace falta
para regar las esperanzas,
el amor y la posibilidad de seguir viviendo
con la certeza de nuestras acciones y
la realización de nuestros sueños.
Tu silencio es una daga que corta,
que hiere, que aniquila
que no mide consecuencias
ni espera oportunidades.
Es un silencio atroz, desgarrante,
que exige, que llora, que gime, que implora,
que demanda justicia.

Tu silencio es la maldición
de los abusos perpetrados
anunciados en la televisión,
el periódico o la radio.
Es el silencio del momento para decidir,
la cruz del crucero
que tenemos al frente nuestro,
sin crimen que nos coja de las manos
ni bofetadas que nos hagan reaccionar
y reconocer al humano que llevamos,
que somos,
que perdemos en nosotros mismos.
Es tu silencio una lluvia de estrellas
que se desprende del firmamento
claro, profundo, eterno, infinito,
pleno y alentador.
Es tu silencio una caída de palabras
que se fugaron de tu cuerpo,
que no encuentras en los hombres,
ni en las mujeres, ni en los niños.
Un silencio que te ha robado el ser,
la mente, el alma...
Tu silencio hiere, anima
y encuentra vuelo en los pájaros,
en las nubes desaparecidas,
en los ladridos de perros nocturnos
que rompen un silencio artificial y falso,
un silencio que consiente sólo por ser silencio.
Es tu silencio un dolor, una pérdida,
una esperanza, una pena y un lamento.

Tu silencio.

Espías

Los poetas son los espías
de lo cotidiano
esperan los colores del amanecer
y aguardan la primera gota del verano
buscan en la humanidad
un motivo para elogiar su amor
y van por el mundo
al encuentro de la vida
depositada en las cosas
aparentemente simples
que conforman la existencia
desean ser arrollados por la palabra
que una vez que los envuelve
los asfixia
y se colman de vocales
desde los pies
y de consonantes colgadas
del árbol que tienen enfrente,
construyen figuras que rompen el silencio
de su pensamiento,
se rodean de sonidos
que a oídos de otros parecen extraños
viven alejados
y sin embargo tan inmersos
que sólo ellos descubren
lo que es común para todos,
no pueden beber más que imágenes
y comen tantas sonrisas
y miradas
y llantos
que nadie puede sospechar
que en realidad

son filántropos añejados
por el ruido de lo moderno,
sólo ellos cantan y sufren
al tiempo que los demás
necesitan tal vez un amigo,
una madre,
o un amor de cualquier sexo.

La gente

La gente se muere con esperanzas y sin ellas,
con problemas en las manos,
en los pies, en la cabeza,
con la suavidad de un bebé
y la delicadeza a flor de piel,
con callos, con juanetes y uñas enterradas.
La gente se muere con ilusiones y planes
para mañana, para esta tarde,
esta noche o la próxima semana.
La gente se muere con problemas dentales,
con tratamientos incompletos,
con citas inconclusas,
esperando la llamada del médico,
de la peluquera,
del seguro de vida,
con el pendiente de las compras semanales,
la arbitrariedad de los precios.

La gente se muere,
gente linda, con cabello exótico,
gente increíble, popular, amena,
gente olvidada que duerme en las calles
víctimas de su hambre y su inútil espera.
La gente no aguarda, a la hora de morir,
no puede fallarle a la muerte
ni ésta se olvida de su compromiso en la tierra.
La gente se muere sin despedirse,
o con tantos adioses que los vecinos
se han apuntado ya para colaborar
en las tertulias de las oraciones
para su descanso eterno.

La gente se muere arrojada a un vacío,
sin indicios de su paradero
o en hospitales pulcros,
desinfectados y caros.
La gente se muere debajo de los puentes,
sobre ellos,
desde ellos,
en bombardeos,
en accidentes caseros,
en una carrera suicida contra el tiempo,
a fin de ser el primero entre sus compañeros.

La gente se muere, de todas las edades,
de todos los vicios, de todas las naciones,
de todos los idiomas, de todos los credos,
de todos los niveles.

Y nosotros, los que aún no morimos,
sentimos apenas el escape de un momento,
la fuga de un instante entre suspiros,
especulando, esperando, engañando,
tratando de burlar la hora
de nuestra propia cita.

Sin querer

Sin querer he vuelto la mirada al pasado:
entre música, soledades y lecho solitario
tu incesante recuerdo ha regresado.
La nostalgia y la desesperanza
de una vida atada al placer no satisfecho,
al anhelo que parece cada vez más muerto
y mi desasosiego de llenarte de besos
han vuelto a invadir
mi corazón y mi cuerpo.
Ya no sé por qué te necesito,
te extraño y te deseo,
pero bien sé que mis noches son oscuras
y se alargan más sin tu cuerpo,
que la desilusión es para mí lo cotidiano,
y el vivir por vivir,
se ha transformado desde ahora,
en la esperanza de lo vano.

Migración

Poetas perdidos
que migran del nido
a horizontes sin brújula,
mantenidos en el abismo
de una dual identidad
que es a la vez un vacío de pertenencia.

Ni de aquí ni de allá.

Palabras, huecos en el alma
que no se pueden llenar con vocablos nuevos
aprendidos a la fuerza.

Vocabulario insípido
que obedece al ridículo temor
de no quedarse mudo,
en medio del artificio.

Poetas extraviados, migrantes,
que han sido arrancados
de su madre lengua.

Apellidos

Dueños del mundo,
tienen la sartén por el mango...
y el mango también;
soberanos democráticos,
más demagógicos que la demagogia misma.
Van espermatozoicamente
derramando sus apellidos
en el universo que conocemos como mundo.
Panamá ya no tiene un nombre,
tiene una salpicadera de letras
que todavía reciben
la bondad de un acento
para la gloria de la ortografía hispana.
Un Róbinson ha nacido en estas tierras
y se ha ido de vuelta
al paraíso terrenal del norte, su edén.
¿Cuánta gente más en Iraq o Pakistán,
en unos años hará lo mismo?

Inquietud

En días como éstos
mi alma no está tranquila.
La inquietud empieza en mi pensamiento,
me recorre el cerebro y analiza
paso a paso tu ausencia.
Va hacia la frente y extraño
tu boca, tus ojos y tu rostro.
Al llegar a mis senos
contemplo tus manos en ellos.
Pero no es cierto.
Te buscan mis labios, mis muslos
y mi clausurado sexo.
Te buscan mis palabras, mi aroma
y mi frustrado anhelo.
Pero es sólo en estos días,
cuando no acepto tu ausencia,
cuando la mujer que descubriste
en mí despierta,
cuando la tibieza de una tela
se confunde con mi cuerpo
y ya no tengo más entendimiento,
ni razón, ni dicha, ni consuelo.

Ven

Ven, te llevaré al lugar
que para ti he construido.
Te alejaré de la miseria idílica
que en este medio nos envuelve.
Quiero mostrarte las ilusiones
que por tu mirar en mí nacen,
y por cada paso que daremos
una constelación de amor encontraremos.
Deja la falsa paz
que en los corazones perdura
vayamos al encuentro de un mar
infinito de ternura
y olvidaremos juntos
lo prohibido de un amor
recién nacido.

En aquella orilla deja la moral ingrata
que a la hipocresía
sin remedio nos ata.
Vuelve hacia el horizonte en pleno fuego
que en el atardecer,
una sonrisa esbozarás radiante.

Ven, amemos la plenitud de una aurora
sin prisas, sin llantos,
ni angustias, ni demoras.
Dame tu mano fuerte
que a la vida nos empuje nuevamente
para confundirnos con la lluvia,
con el viento o con la muerte.

Cacahuamilpa

Registro pétreo de pensamiento fluido
del pensamiento de Dios, poesía;
libros de ideas y templo;
vientre de las artes plásticas
cerebro
víscera
y corazón.

Aquí en las grutas de Cacahuamilpa
con sus paredes de arrugas,
su avalancha de forma y fantasía,
su imaginación sin fin...
aquí en este rico cerebro de piedra
(con sus paradójicos límites)
uno se encuentra frente a sí mismo,
como en un recorrido de su propio cerebro
y comprende
(sin división)
muchos cerebros
muchos corazones...
pero una sola mente:
la creación.

Tu nombre

Tu nombre despierta mis sentidos
y poco a poco
resbala por mi cuerpo.

Tu recuerdo me inunda el alma
y de ternura
inmensamente me embriaga.

Tu voz penetra mis entrañas
y de sonido
se convierte en esperanza.

Tiempos

Antes
tocaba entre sueños tu espalda
y la calidez de tu boca
resbalaba por mi cuerpo.

Ahora
me despierta la noche,
tu recuerdo y la abertura de mi sexo.

Después
tendré insomnio de ansiedades
sin encontrar más
los olorosos elementos de tu lecho.

Mujeres

Son mujeres de la vida alegre,
pero ¿quién lo ha dicho?
¿no son tal vez mujeres de la vida triste?
Sólo ellas saben la aventura de sus corazones,
la tristeza, el abandono y la desesperanza,
mujeres que sufren, que ríen, que lloran,
que no pierden la noción del tiempo
porque no la tienen,
que no extrañan la calidez de un hogar
porque no les pertenece.
Mujeres tiernas, madres de los hombres
que vienen a buscar un amor,
consuelo para sus desilusiones
o un placer prohibido
y tal vez desconocido en otras partes.
Mujeres amantes, hermanas del placer
sin límites ni adjetivos,
esclavas de su propia risa
que las encarcela
para hacer feliz a los demás.
Mujeres de la vida alegre
que no conocen la alegría
de ser mujer.
Mujeres de la vida triste
que se condenan a la tristeza
de ser mujer.

Tú

Tú, viajando por mi cuerpo
tú, causando mis desvelos
tú, acercándome al cielo
tú, construyendo mis deseos

Tú:
    déjame salvar tu desnudez
    del silencio.

Eternamente

Con tu boca en mi seno
un sueño en mi desquiciada mente nace,
hoy evoco la plenitud de la mar
entre el naufragio al que tu cuerpo
me conduce,
es una sed de viento y fuego,
cúspide de muerte infinita,
que nos aleja del camino de la vida
lenta y deliciosamente a los dos
para ser auténticos,
para ser amantes,
    eternamente tú
    y
    yo...

Raíces

Cuando voy al baño y descubro que mi orina
es gelatinosa con ciertas manchas azules,
sospecho que estoy embarazada.
Vamos a un río y los niños quieren meterse al
agua pero creo que hace frío. Primero se
meten un poco y tal vez con ropa pero luego
salen y deciden bañarse bien, mi nena se
queda boca abajo en una de las orillas
demostrándome su habilidad de nadar y
aguantar la respiración. La ropa se alcanza a
mojar con la corriente y mientras ellos siguen
en el agua yo decido ir a poner la ropa en la
secadora para que cuando salgan no tengan
que ponerse la ropa mojada. Los dejo con la
persona que me está ayudando a cuidarlos.

No tengo 75 centavos para la secadora. No
tengo en realidad más que unos centavos y no
me sirven porque necesito monedas de 25
centavos. Voy en mi Toyota azul y subo por
una pendiente. Me cuesta mucho trabajo
subir el coche porque está muy empinado y
siento que hago mucho esfuerzo con los pies,
temo que me haga daño al embarazo y no sé
si eso me pueda causar problemas. Cuando
llego hasta arriba, después de tanto esfuerzo,
un gran grupo de individuos me asedia,
quieren que les dé algo o que me vaya, no sé,
pero me asustan mucho y tengo que
explicarles que sólo ando en busca de 75
centavos para la secadora porque los niños
tienen la ropa mojada, pero no me oyen o no

les interesa lo que tengo que decirles.

Consigo algunas monedas, pero son nuevas y demasiado gruesas para la máquina, aunque me gustaría coleccionarlas no puedo porque las necesito. Por fin esa gente me deja ir pero yo me siento demasiado afectada, siento que me han robado un pedazo de alma o algo similar.

Como puedo, empiezo a bajar por la pendiente, esta vez del lado opuesto, como si hubiera seguido un óvalo para el camino de subida y luego de bajada. Simplemente dejo que el coche se vaya porque es tan empinado que no tengo que hacer nada más que evitar que se estrelle. Cuando llego hasta abajo mi bebé en el vientre se mueve mucho, es entonces cuando algunos se dan cuenta que estoy embarazada y les pido que me toquen la panza para que se convenzan de los movimientos de mi bebé, pero llegan a ser demasiados, me asusto y se mueve tanto que no es normal. Por fin se me rompe la bolsa amniótica y al salir, todo el líquido se convierte en un montón de piedritas cafés que caen al suelo, luego yo misma tengo que arrancarme algo que me está lastimando y con profundo dolor saco entonces unas raíces del color café de las piedras y las sostengo en mi mano, tienen la forma de un coral.

La gente de allá arriba me robó el ser que llevaba dentro, y todo por 75 centavos.

Íbamos

Íbamos a vivir toda la vida juntos
tal vez creyendo que la muerte
vendría pronto o que el paraíso prometido
estaba en nuestras manos.

Íbamos a morir toda la muerte juntos
y ya siento desfallecer entre paredes
no necesito que mueras conmigo para verte,
sólo quiero encontrar la manera de
desaparecerme.

La soledad el alma me carcome
y ya no hay paciencia ni reposo,
el sol se ha apartado de la brisa
dejando un cielo rojo envuelto en polvo,
y el recuerdo de un anhelo
para que en la nieve se derrita.

No intento vivir con dicha eterna
pido solamente de la noche la ternura
que alguna vez nos prometimos sin medida
y que enterrada olvidamos
en extraña sepultura.

Me ahogan los gritos de la vida,
me desespero en la angustia de la risa
y no quiero saber más de tu nombre
y de tus noches porque al fin y al cabo
ya no son las mías...

Distante de la vida

Distante de la vida
un sendero luminoso aguarda
la inmensa oscuridad y luego nada,
un vacío,
la terrible sensación de haber perdido
una morada, un refugio
una esperanza...
pero, distante de mi vida
un sendero luminoso aguarda

Música

La música de mi sexo
hace vibrar mi interior
y yo, que no logro por más que lo intento
entender la ausencia de una voz...
sigo esperando de ti
tus palabras y tu cuerpo,
para realizar por completo
éste, mi desesperado amor...

Sencillamente

Hoy amaneceré muerta para no recordarte
hoy la muerte del alma es mi compañera
y me ayudará a ignorar mi sufrimiento.
Hoy miraré a la gente de otra manera
y pensaré que vivir
no es lo mismo que existir,
porque desde hoy
ha desaparecido mi existencia.

Tal vez seré lo que debí ser en el principio:
un ser humano sin humanidad.
Esa será la clave de la dicha,
que me conduzca a la libertad del cuerpo,
y para eso recordaré que mi interior
ha quedado vacío.

Anhelo

Aguardarte en el silencio oculto
besar el viento y elevar un suspiro
pensando que en algún lugar del mundo
puedas tú por mí sentir lo mismo...

Definiciones

La muerte es un viento ligero
que en cualquier momento
sopla dentro de nosotros.

El amor es una lluvia de flores blancas
derramada sobre mi espalda.

De pronto dudas de ser tú,
y ves tu pasado y tu presente
lejos, lejos...

Algunas veces
crees que sería mejor
estar de muerte

El dinero:
ese maldito invento que sirve
para hundir a la gente.

Acuador

Indígenas sedientos
a los que encima de todo
les falta el agua,
pero a quienes les sobran agallas
para salir con palos y gritos
a manera de armas,
a luchar por el agua,
leche de la madre tierra
que no los desampara,
fuente de vida...
fuente de muerte.
Paros en las sierras,
amenazas y golpes,
vanas batallas.
El presidente se lamenta
¿y ellos qué ganan?
Han perdido a uno
que en busca de la vida,
encontró la paz del agua...

Poetas, no poetisas

Han ganado las mujeres.
Ya no es necesario especificar
el género en la palabra,
feliz imitación anglosajona.
Han ganado las mujeres
para confundirse con las hazañas masculinas,
autores de la invención del mundo,
de la historia, de las letras.
Qué suerte que las mujeres
ya estén incorporadas,
que ya sean parte
de la anonimidad del pasado
y del futuro.
Enterradas en la dicha de su triunfo...
¿han ganado las mujeres?

Valle de la Muerte

En un pueblo austero, pequeño, remoto llego con mi pareja. Llevo dinero en una cajita donde no me puede caber todo y trato insistentemente de meterlo, pero sin éxito. Unos son billetes rojos y otros son claros, tal vez verdes. No son más de cinco mil pesos en total, pero debo ocultarlos de los ojos de la gente. De todos modos alguien se da cuenta que llevo el dinero y empiezan a seguirme. Llego a una casa donde hay una fiesta o reunión y paso hasta dentro, pero los que están ahí presentes se intrigan por mi dinero que en vano quiero ocultar y empiezan las murmuraciones. Tengo que salir de ahí de inmediato. A mi pareja lo atrapan y no sale, alcanzo a ver sangre pero no puedo detenerme a ayudarle.

Empiezo a volar y pido mucho que no me fallen las fuerzas. Me elevo en la oscuridad, por una montaña y sobre los árboles que continuamente paso rozando porque no me elevo lo suficiente. Tengo que escapar y no veo cómo. Aunque sigo volando me doy cuenta de que no puedo ir muy lejos antes de que puedan localizarme. Mi última alternativa es deshacerme del dinero. Veo a una mujer embarazada y pienso que podría ayudarle a su bebé, pero supongo que ella me delataría y mejor decido no dárselo.

Paso por un camino muy estrecho y oscuro donde está un niño con su familia, tal vez con su madre y dos de sus hermanos. Con un

murmullo al oído le digo que me reciba todo el
dinero y que lo esconda de inmediato para
que nadie se lo vea. Cuando le doy los billetes
algunos caen, pero le insisto, ya a medio
vuelo, que los recoja y los esconda.
Justo los he dejado cuando veo que una
alfombra de azul claro con muchos adornos
bordados como flores aparece desde arriba.
Es una alfombra que se convierte en el camino
de rescate para la familia y entonces
desaparecen. Me alegro mucho por ellos,
pero a mí me vienen siguiendo todavía.
Por fin me matan. Me domina la pesadez de la
muerte. Me quedo inmóvil y muy, muy
pesada.
Después vienen a esculcarme. Me quitan la
ropa y descubren que debajo de mi blusa se ha
quedado un solo billete rojo doblado en forma
de cuadrito. No me di cuenta de que lo
llevaba, pero es la señal que les hace saber
que ya no tengo el dinero. Me dejan ir y sigo
mi camino de muerta.
Llego hasta un ambiente claro, donde una
gran cantidad de gente vestida de muchos
colores está llegando lenta, pero
constantemente. A mi lado por fin aparece mi
pareja. Lo veo muy bien, sin heridas, sin
sangre y feliz. Me toma la mano derecha y
empieza a besarme pero yo no siento nada y
se lo hago saber. Me dice que es normal, que
ya estoy muerta pero que estamos bien.
Más adelante puedo ver a un hombre que con
mucho amor conduce a su esposa. Es la mujer
embarazada que yo acababa de ver, pero que

falleció al dar a luz. El amor de los seres
queridos es la bienvenida que la gente recibe
para empezar el camino de su muerte.
Cuando llegamos a la orilla de un río él se
despide muy tiernamente, sé que jamás
volverán a verse.
Desde ahí tenemos que seguir solos. Hay
algunos árboles, pero lo que debemos hacer
es cruzar un río muy ancho y de un azul claro,
antes de internarnos al valle de los muertos
que todavía no alcanzo a ver.
Para cruzar nos ponen una caja a la espalda
colgada a manera de mochila. Es un
salvavidas para que no nos ahoguemos en el
río. Me ofrecen uno y aunque les aseguro que
en vida sabía nadar, no puedo negarme a
recibirlo.
Subo a una piedra que es como un pequeño
puente, antes de entrar al agua. Abajo puedo
ver muchas, muchas personas apretadas que
están siendo conducidas hasta la otra orilla,
gritan y no quieren meterse por miedo a
ahogarse. Decido mantenerme sobre la
piedra para después tirarme aunque no puedo
siquiera imaginarme ser metida a la fuerza
como ellos bajo esa gran piedra, donde estoy
segura que se están ahogando en su propia
muerte.

Soledad compartida

Te palpo
en la oscuridad de la vida
y quiero saber quién eres.

¿Serás tal vez quien procure
todas mis desdichas
mostrándome todos tus desdenes?

Temo comprender
que tu existencia
al igual que la mía
está limitada con la muerte

y no podré creer
que soy débil y tú fuerte

pues ambos,
con el alma errante
compartiremos
la soledad de la vida.

Sueños

Aquí los tienes:
son de ti, por ti, para ti.

Al despertar, si no los atrapo
con las dos manos como luciérnagas
se desvanecen igual que la noche.
Y al levantarme, si no los hilvano
con palabras que se aproximen a describirlos,
se convierten en poemas mutilados
o se los lleva la efimeridad de la memoria
perdida en las diurnas cosas de la vida,
en los ineludibles quehaceres cotidianos.

Dártelos es desnudarme como nunca:
sin temores, sin escrúpulos, sin ambiciones;
por la profunda felicidad de comunicarte
lo que me dicta la subconciencia y el alma.

Dártelos es simple, sencillamente
reconocer, aceptar y celebrar
mi condición humana.

Panamá

Vocación geográfica
patria puente
herida canalera
virgen océanica
prostituida
por conquistadores,
piratas y narcotraficantes,
huérfana de lengua,
dejada de la mano de Dios.

Nada

No hay nada para evitar la distancia,
no tiene por qué haber
un halo impalpable que nos comunique
con esa búsqueda del encuentro
que en mi ser sin pretenderlo surge.
Te dejaré alejarnos
para que ores por los que te necesitan,
para que tu espíritu
se plazca en la misericordia
de los que buscan el amor.
Y yo pediré un motivo
en tu recuerdo,
la oportunidad de entregarme toda
al ideal tal vez no realizable,
al deseo de ser,
que en ti vislumbraba un eco,
una gran necesidad
por dejar atrás lo prosaico,
aspirando al misticismo de lo cotidiano.
Y sonreírte a través de una dimensión
llamada espacio, que da lo mismo decir
cielo, nube, lluvia o árbol
para encontrarte como el fiel compañero
que me dé el significado
de lo que la gente suele llamar
una razón para seguir viviendo.

Plegaria

Lo que cada palabra representa
fue una fracción de mar en mi memoria
y todo por decir en mí acrecienta,
tu ternura y de tus besos la gloria.

Una deuda con el cielo enfrenta
-a mi parecer sin escapatoria-
mi corazón cuya marcada senda
obedece de Ovidio su Amatoria.

A pesar que soledades se han ido,
presagios con el viento arriban
que amenazan con destruir nuestro nido.

Mas la fuerza del cielo se sirva
para mantener por siempre unido
amor que de discordia el mal esquiva.

Ruptura pictórica

Todos los días
en el declive de tu espalda
y al aire tibio
de tu desnudez,
surge un olor a tierra
recién nacida
en el hueco del tiempo
y en la orilla del aire
ahí, donde duerme el agua.
Porque a estas horas del amanecer
recuerdo aquella canción no aprendida
mirando los días que vienen
en la noche, a una hora vacía
y en un tiempo de vivir
escuchando música lejana
entre el aire dormido
y esas quietas transparencias
con aire de pájaro y de silencio
mirando la pared
en el rincón de un cuarto...

Heredero de Shakespeare

Heredero de Shakespeare
escritor de caricias en mis sueños
contemplador de estrellas y de muslos
toma tu apasionante pluma y elabora
las remembranzas de mi lecho.
Alfabeto delirante de vibraciones,
de música y relatos,
confúndeme la cabellera con tu noche
y déjame rescatar la dicha
de beber el placer de tu regazo
tiernamente perdida entre tus brazos.

Décadas

No te conocí en tu primera década,
no te conocía,
Dios me lo perdona.

Dulce coincidencia
en un cruce de caminos
a mitad de la segunda
hasta alcanzar media jornada de la tercera...

No supe cómo fuiste en la cuarta,
Dios te lo perdone.

¿Cómo serás en ésta,
la quinta década de nuestra
vereda a la muerte?

Caminos

El mundo me lleva
por caminos que no busco,
un destino mareado,
que me depara una sorpresa,
inesperada experiencia.
Vientos morados,
entre nubes asustadas,
escurridizas, traviesas
que se entretienen
jugando a las escondidas
entre los rayos vespertinos del sol.
Pájaros canaleros,
con un mar de dos vistas
que se puede usar al derecho y al revés,
en Panamá.

Ninguna

La moza es feliz
haciendo pasteles y gorditas de anís.

La nana se ocupa,
de cantarle al niño y arreglar su cuna.

La madre, es normal
que se pinte el labio y luzca su chal.

La moza, la nana, la madre…
qué más da,
yo soy todas ellas
y de todas ellas
ninguna se hará.

Escape

Ayer mi alma se escapó
para volar al encuentro de la vida;
se ha impregnado en cada árbol,
en los cientos de amaneceres que he mirado,
en la sonrisa que un desconocido me brindó,
en la angustia de una separación
y en la avidez de vivir el amor.
Ahí, mi alma se ha quedado.

Y yo, hoy no sé dónde buscarla
con la certeza de poder encontrarla,
si sé que se ha perdido para siempre
porque esparcida en el mundo está
y el mundo, para mí no existe más.

Tlamacazapa

En Tlamacazapa
en la víspera del año nuevo
en la penumbra
los hombres
dominan el atrio de la iglesia
ebrios
están acumulando árboles muertos
partiéndolos
bajo una brillante estrella solitaria
con gran machismo el hachero
está riendo pero no es una risa alegre
se balancea con demasiada fuerza
el hacha sin filo ridículamente grande;
en la penumbra,
bajo el planeta Venus,
los borrachos están haciendo una fogata.

En Tlamacazapa
en la noche más fría de los últimos
treinta y ocho años
las mujeres se congregan
en el raquítico mercado
se mueven con certeza y gracia
sus pies pegados al piso
con pequeños pasos medidos
como animales
como pájaros caminan
se mueven con un propósito
sus soberbias caras morenas
se enmarcan en sus rebozos de gris carbón
el espanto dirige la simplicidad
de su mirada

es la estrella
es el cielo profundo
esta penumbra
en la víspera del año nuevo.

Entre el atrio de la iglesia y el mercado
un borracho discute consigo mismo
frustración y desmayo
son los recursos de su vida
la estrella le quema fuerte en sus adentros
es "El borracho" del juego de azar
niños y niñas se mueven libremente
al pasar junto a él
vuelan como abadejos o se sientan
en las entradas
mirando
a veces burlándose de lo que ven
y los machos, los valentones
silban o gritan entre ellos
ya se están portando como hombres
tienen silbidos clave
tal vez es un código
que puede asustar a un gringo
si ya se encuentra inseguro
de lo que exactamente está pasando.
Hablan en náhuatl
y perforan las oraciones
con una respuesta adornada de silbidos
a algo que sólo ellos pueden oír.

Hay abundante cerveza en Tlamacazapa
sólo puede adquirirse en litros,
la mesa de billar se encuentra
en la cumbre del acantilado

desde donde se contempla el pueblo
de su balcón uno puede ver las luces
de Iguala y Tecalpulco,
hay sólo un camino a Tlamacazapa
y no se encuentra en buen estado.

En la víspera del año nuevo
en amenazadora noche
alguien enciende una vela
y la coloca en el nicho de la carretera
junto al Cristo abrigado por su cruz
a mitad del camino a Juliantla
en la gran curva a cabeza del cañón
bajo el planeta Venus
(tanto arriba
como abajo)
hay una estrella solitaria.

Mapa

En Panamá se junta
la Avenida de los Mártires
con la Avenida de los Poetas,
para llegar al Puente de las Américas.
Maravillosa proyección panameña
al resto,
a los restos del continente.
Maravillosa coincidencia,
pero, ¿quién hizo qué?
¿Son mártires los poetas
o son poetas los mártires?
Maravillosa eventualidad.
Triste desgracia,
¿son hombres o mujeres?
"Mártires" acepta los dos géneros
y ahora, gracias a la democratización
lingüística, también "poetas".

Trazos

El surgimiento de nuevas líneas,
rayas desconocidas que me hacen ver
cada vez más ajeno ése mi rostro
que aparece en el espejo.
Líneas de metro,
extraviadas en la piel;
líneas de ferrocarril
que me han cedido
algunos rieles de
carriles inservibles,
interminables.
Colección de trazos
que seguramente Dios
me dio al nacer,
para indicar
el sendero de mi muerte.

Visión

Visión de poeta:
son las 7:17
En el océano azul de mi cama
evoco las nimiedades de la cocina
que forman del ama de casa
su existencia...

Respiro

Abro la ventana
para respirar la noche,
así quisiera abrir el alma
para respirar la vida.

Sueño

Suavemente sentí la caricia de tus dedos
y tu hermosa mirada sobre la mía posar
pero ¡oh, desdicha! nada era cierto,
tan sólo fue un sueño, un sueño nomás.

No fuiste tú

Anoche volví a soñarte
tu mirada plena en mí posaba,
y yo, deleitada
mi sonrisa y mis manos
te ofrecía

fue un abrazo contigo,
con la vida y con la lluvia
que en ese momento caía

anoche en sueños,
pude sentirte cerca
e incluso susurrar tu nombre
sinónimo de muerte y de nostalgia

¿realmente un sueño fue
o mi alma en tu búsqueda estaba?

sin embargo,
la emoción del recuerdo
aún me embarga
y la sonrisa que anoche vino
al mundo
ante la triste realidad se apaga

no fuiste tú
quien estuvo conmigo
fue este necio corazón
que del tuyo no aparta mi camino

¡oh tristeza! no fuiste tú,
fui yo misma:
por este amor que no te olvida.

Mi amante seré

Amaré desesperadamente
cada parte de mi cuerpo
por tu ausencia

descubriré nuevos secretos
que mi sensibilidad encierra

sentiré cómo un torrente
de hormigas se aferran
a mi cuerpo
y desde los pies
me taladran el cerebro
para impedir que piense más
para evitar en él tu recuerdo

me besaré
hasta la serenidad del clímax
que tu ser provocaba en mí
mi mano se crispará...

de mi mano
y en algún tiempo de silencio
o sonido
se quedará el grito
que me hará reír

o llorar
por la soledad de mi amor,
y desde entonces
mi amante seré yo...

Tren

En un mercado casi tan raquítico como el de
Tlama, voy buscando algo qué comprar, pero
no hay nada. Me acompañan Sofía, Jorge y tal
vez su hijo Arturo, primero sólo son puestos
improvisados con tablas y palos viejos, todo
del color de la pobreza. Luego voy contra el
tráfico de la gente que es mucha porque es la
hora de acabar las compras y van saliendo ya
con sus bolsas de mercancía recién adquirida
pero yo no veo nada. En medio del color gris
del mercado se destaca una mujer que lleva
blusa morada y pantalón gris, otros visten de
colores vivos, pero sólo surge color sobre el
camino donde van ellos, lo demás continúa
grisáceo.
Cuando trato de salir de entre los puestos
tengo que separar el soporte que los
mantiene juntos porque no han dejado un
espacio para que la gente avance, y mucho me
temo que al moverlos se caigan todos los
improvisados puestos que no tienen ni techo.
Finalmente logro salir y tomamos un taxi.
Apenas hemos avanzado un poco cuando yo,
que voy atrás del taxista veo cómo cabecea
indicando que se ha quedado dormido.
Le hablo asustada porque va a perder el
control del coche, le hablo, lo toco, le grito
pero el chofer no me responde y me imagino
que ha de estar tan cansado de trabajar toda
la noche que no hay fuerza humana que lo
mantenga alerta. Estiro los brazos para
apretar el freno y avanzamos sin control de un

lado hacia otro hasta que por fin el coche va a dar frente a la esquina de una de las calles de bajada, por lo que aprieto con más fuerza con todo lo que mi brazo alcanza para que el carro se detenga. ¡Estuvo tan cerca de estrellarse que no puedo creer que haya podido detenerse!

Nos bajamos dejando ahí al hombre dormido y nos acercamos a una plataforma para tomar un tren. En el camino me encuentro con la hermana de Guillermo, un compañero de la primaria cuyo padre era cartero, y me entero que va a casarse con Arturo. Tengo que advertirle que Arturo es un perezoso que es capaz de pasarse el día acostado en el sofá con la cabeza entre las manos a manera de almohada, viendo la televisión. Cuando se lo digo pienso en Arturo pero veo tu cara y entonces no sé de quién estoy hablando. Lo importante es que ella sepa con quién se va a casar porque a mí me parece muy ingenua. Cuando llegamos hasta la estación pasa un tren de dos vagones con dos niveles y sin máquina, los vagones son empujados con una palanca y han venido a pararse enfrente de nosotros, pero no queda lugar y nadie se baja. No llevan nada más que unas cajas de plástico en forma de hexágono como ataúd atadas con un cordón negro en el centro a lo largo, en los que van los pasajeros dormidos porque son carros-cama, pero así como los veo pienso que son carros-caja o carros-ataúdes y te lo comento para que me ayudes a decidir cuál es

la mejor secuencia de palabras para poder
explicar lo que son.

Al detenerse el tren algunos pasajeros están a
punto de despertar y se mueven cuando
alguien viene a abrir el cierre de sus cajas
transparentes, como para revisar su estatus
de pasajeros; primero me pregunto cómo
pueden respirar, pero de inmediato me invade
esa hermosa sensación de dormir
placenteramente en un viaje tratando de
advertir dónde estoy.

El tren se marcha y al salir de la estación se
convierte en vagones descubiertos de paredes
de hierro, en partes rosa y en general verdoso,
donde los pasajeros viajan al aire libre y de pie,
se tienen que cubrir la cabeza con mantos de
un anaranjado ocre, como si fueran del
desierto. Al imaginarme la incomodidad del
largo trayecto, me alegro profundamente de
no haber tomado ese tren que me habría
llevado al otro lado de la vida.

Hoy no quiero

Hoy no quiero ser amable, cortés,
trabajadora, sonriente ni estúpida.

Hoy quiero deslizarme en el jugo del amor,
encerrarnos juntos en tu arte,
crear en cuatro paredes las sonrisas
de niños y ancianos
y dejar estampada en las esquinas
del mundo,
la incesante labor de las mujeres;
en el piso
descubrir un collage
con el cansancio de los hombres.
Hoy quiero buscarte
y encontrar tus manos
inventando la ternura de mis sienes.
Quiero gritar que me ahogo
en los sonidos del color,
abrir las ventanas para que el viento
de la noche arrase mi estancamiento.
Quiero aspirar tu aliento
y que me transmitas en él,
la esencia de tu uvé
que vuela con el tiempo.

Déjame

Déjame tocar tu cuerpo
por última vez,
déjame sentir nuevamente
la llama de tu ser
y envolverte
con el velo de ternura
que en mi corazón se teje.

Déjame, como antes,
tener tus ojos ante mí
y explorarte cada poro de tu piel.
Déjame hacerlo, bien y mal mío,
que el corazón
a punto de romper su velo
me ahoga en la desesperanza.

Será la postrera entrega
que mi boca te brinde,
que mis manos te ofrezcan,
y la última vez
que mis ojos te miren
porque he saciado ya
el afán de despedirme
de las cosas de esta vida,
y de todas,
para ser la última,
tu amor ha sido la escogida.

Limosna

Le pido una limosna al sueño
para que no me suelte
de sus brazos
y me siga acariciando
en el perenne tiempo
de la tenue esfera
que la luz disfruta de la luna.
Una limosna acaso,
para que no te escapes de mi sueño,
para que no te acerques
al precipicio del olvido.
Una limosna sólo,
para permanecer viva
con respirar profundo
en el manto de la esperanza
que un nuevo amanecer cobija.

Tu mano

Necesito tu mano para no caer,
tu fuerza para sostenerme
y tu fe para seguir avante.

Dame la oportunidad de conocer
el sentimiento que tu alma encierra,
para fundir en el tuyo este corazón
que incierto y sin aliento, mi ser atormenta.

Quiero inmerecidamente tener tu paz,
abandonarme sin temor al tiempo,
estando tú a mi lado,
con palabras que me sirvan de consuelo,
para salvarme de esta oscuridad,
que la desesperanza y la incertidumbre
me han dejado padeciendo.

Deja

Deja por última vez en la vida
con estas ansiosas manos tocarte,
y redescubrir la dicha de amarte,
para que de mi ser quede prendida.

No volverá la esperanza sentida
que cada vez en mí nace al mirarte,
ni mi inquieto corazón al buscarte,
tendrá como antes la emoción vivida.

Deja tener tus manos ante mí,
rescatar de las sombras tu mirada,
para comprender que nada perdí

y que tu alma eternamente adorada,
tendrá el regocijo que pretendí,
dondequiera que se encuentre posada.

Conjugación

No recordaba cómo conjugar un verbo,
pero al consultar el presente,
una mirada tuya alentó mi memoria;
entonces pude saber que sólo necesito
mirarte
esperarte
tocarte
besarte
abrazarte
llamarte
desearte
escalarte
morderte
pensarte
amarte
hablarte
beberte
soñarte
saborearte
contemplarte
comerte
encontrarte
anhelarte
disfrutarte
oírte
sonreírte
imaginarte
buscarte
y seducirte...
    para no olvidarte.

Sólo yo

- ¿Por qué disfrutas el sol en una mañana de
primavera después de un invierno tan largo?

- Pero mi boca no es un sol...

- ¿Por qué necesitas un poco de agua después
de una noche cálida?

- Pero mi boca no es agua...

- ¿Por qué te embelesas cuando el viento
te trae los olores de la montaña
y los sonidos del bosque?

- Pero mi boca no es viento...

- Amor, tu boca es un poco de sol, de agua y
de viento, pero eso, sólo yo puedo saberlo...

Rompecabezas

Te busco y te encuentro…
en fracciones.

Uno tiene tus ojos,
otro tus manos,
éste tu perfil,
aquél tu barba…

(aunque nadie tiene
tus palabras,
tu candidez ingrata,
tu sensibilidad punzante,
tu lugar en el mundo,
en mi mundo)

Eres un rompecabezas
que ya no puedo armar
porque siempre me falta
la misma pieza: tu voz.

Paz

Puedes pensar en la paz
como en la máxima meta
que se ofrece a la humanidad.
Puedes sonreír al salir el sol
y agradecer que es navidad,
pero ignora la salud de tu vecino,
la alimentación de lejanos niños
y sobre todo...
olvida lo que es amar.

El eje del mundo

El sexo es el eje del mundo:
lo puedes ver en las edades,
en las distancias y en el infinito,
te lo dicen las canciones y los espectáculos,
las modas, la poesía, los anuncios
y hasta los cuentos de los abuelos.

El sexo marca tu condición
en todos los aspectos.

Imagen

Tu imagen se impregna en el intento
de saber que existes en la fe
de sentirte presente,
más que en la transparencia de un recuerdo.
Entre la simultaneidad
de la renuncia y la entrega
no necesito buscar en el tiempo
una vaga respuesta
que me ayude a entender
esa necesidad por tus manos
que se provoca en mí
al enamorar cada célula
que mi sensibilidad integra;
al deleite que tu contacto de palabras
en mi mente impregna
y convierte en infinita paz esa inquietud,
que no aspira a ser eterna.
y mirarte a los ojos,
brindarte un lenguaje florido de estrellas
soñar con tu voz, tus palabras e ideas
alcanzar una nube, ceñirla de perlas
y morir, morir en tus brazos
sabiéndome bella...

Vivir en el mar

I

Estoy sobre un estanque de agua que desde aquí se ve negra, no sé si es precisamente porque está sucia o porque es de noche. No me atrevo a acercarme mucho sobre el agua porque tengo miedo de caer en ella. En el aire te veo sobre un aparato verdaderamente extraño: es como una silla voladora con techo y una caída de nieve. No hay nieve en ninguna parte más que donde te encuentras tú. Vuelas y al volar, la nieve se va contigo. Me causa tristeza que te pase eso, pero no entiendo por qué sólo en tu lugar hay nieve. Se ve que tienes muchas dificultades y que no te gusta tu situación.

Sigo sobre el agua y por más que trato de evitar caer en ella no tengo más remedio que dejarme tirar. Y siento el tremendo chapuzón que me doy cuando por fin caigo. Cierro los ojos y suelto mi cuerpo que cae en el agua oscura, infinita, horrible.

Abajo trato de probar que puedo subir, pero no lo logro. Entonces no tengo más opción que seguir hacia las profundidades.

Me siento sola y necesito ver alguna cara conocida. Los colores se hacen menos turbios, pero todavía hay una atmósfera de tonos oscuros. Estoy bajo el agua, eso es muy cierto.

II

Después bajo a otro nivel. Es como pasar por
un pequeño túnel que conecta el lugar donde
estaba y hacia a donde ahora voy. Tengo la
facilidad de regresar y eso me sorprende
mucho, pero prefiero continuar. Me gusta
que del otro lado haya más claridad y puedo
distinguir los colores un poco mejor. Se me
adhieren unos bichos horribles, de color café
claro, más o menos planos y al pegarse a mi
piel me lastiman y no puedo quitármelos
fácilmente. Tengo uno pegado en la pierna
izquierda y me cuesta mucho trabajo
arrancármelo. Me quedo horrorizada. Veo
muchas plantas y algunos otros animales que
no logro distinguir.

III

En el tercer nivel todo es más limpio pero
tengo que pasar unas pruebas. Predomina un
color verde. Hay piedras colgantes que se
mueven con fuerza y tengo que agacharme
con gran agilidad para poder esquivarlas.

IV

Ahora voy en una subida. Descubro muchos
peces de colores y todo el color que hay en el
fondo del mar. Me siento con cara de pez.
Permanezco con una sonrisa apretada enorme
y mantengo bien abiertos los ojos, tengo la
impresión de que todos los peces me ven y
que les parezco simpática o que demuestro
estar verdaderamente feliz. Es una sonrisa
muy, muy especial, es una sonrisa de pez.

Me encuentro algunas mascotas que me
quieren y con las que me encariño en seguida.
Cuando trato de salir para el siguiente nivel no
quieren que me vaya y me abrazan para que
pueda seguir con ellos.

V

¡Por fin tengo que salir al aire! Subo y siento
de inmediato la diferencia de la atmósfera. El
nivel del agua se encuentra un poco más abajo
de mis hombros. Sin embargo, no quiero
respirar. Hasta ahí me doy cuenta de que ya
podía vivir en el mar sin ningún problema y me
resisto fuertemente a salir. Quiero
permanecer en el mar y regreso a él. Estoy
feliz de tomar esa decisión. ¡Me zambullo!
Al final siento un control increíble. He perdido
el miedo a caer y a no respirar, he aprendido a
vivir en el mar.

Unidos

Anoche creamos un poema
con la brillante mirada
de todas las estrellas
con el principio de ilusión
envuelta en la calidez de dos almas.
La estrella mayor nos otorgó
la luz de la esperanza,
con rayos de ternura,
de sencillez y de pasión.
Cada constelación
la infinita paz nos dio
para dejar entre líneas
el testimonio de esta unión.
Ahora, en cada estrella
una huella de amor ha quedado
con el deseo de conservar
el nido que entre los dos formamos
y la sonrisa de luz
que por nuestro amor
el espacio ha perpetuado.

Para no morir

Vuelve la vaguedad del intento
a posarse en cada tarde
al perderse el sol entre el murmullo
del arroyo y del viento.
Vuelven nuevamente
los frustrados sueños
de ver alguna vez
la sonrisa del cielo
con la promesa
de que el día venidero
tendrá mejores cosas,
y en cada trino un consuelo.
La luz devorará mi casa,
mi cuerpo y tal vez mi alma,
podré entonces aguardar
de nuevo el empeño
de encontrar en la distancia
la bella melodía
jamás olvidada,
el más noble anhelo
de volver al encuentro
de la esperanza renovada,
que me traiga del sufrimiento
el olvido,
del amor el sendero,
para dejar atrás
aquellos pensamientos
que hoy me taladran el cerebro.

Complemento

Eres tú mi complemento perfecto
lo descubro en tu boca
tus manos y tu sexo,
en este corazón que en el tuyo
deposita un anhelo.
Cuando surge en tu mirada
la belleza del ocaso,
las palabras se pierden en el silencio
y porque eres huésped de mi pensamiento
no necesito hablar,
con mirarnos tú y yo nos entendemos.
Tus manos se quedan en las mías
y en cada miembro de mi ser
un refugio cálidamente las abriga.
Mi voz en la tuya encuentra un eco
con sonido de pedazos
de cielo oscureciendo,
de ríos que juntos recorremos
con la inquietud de los pequeños
en que tú y yo nos tornamos
para vivir, para soñar y para amarnos.

Nebilungueando

Te amo,
a través de los cinco horizontes de tu cuerpo;

te busco,
por el infinito mar del tiempo;

te palpo,
entre la suave caricia del viento;

te sustituyo,
con un manjar de aceitunas entre los dedos;

te espero,
en la próxima venida de tu aliento;

te escucho,
ante la nocturna melodía del cielo;

te veo,
bajo la leve sombra del deseo;

te percibo,
desde el más lejano universo

y sonrío...
ante la delicia del recuerdo.

Alia Rose

Al florecer apareció en su nombre
la bella luz que su alma desprendía,
radiante de sueños, de afanes,
de esperanzas.

Amor puro, perenne sonrisa, eterna vida...
Ramilletes de ternura cultivaban
ondas de dicha y de agonía.

Sin piedad y nefasto, el destino empero
surgió de la muerte para débil rosa.

Búsqueda

Cómo atarse a la cotidianeidad
que puede darse en cada día,
cómo olvidar que existe
dentro de mí un universo
que me empuja sólo al pensamiento,
a la búsqueda y creación de un...
llamémosle verso.
Por qué no dejar atrás
el afán de plasmar
la huella de la existencia,
la individualidad del intento.
Qué hacer para aferrarse
a la quietud de un lecho,
para ignorar la tempestad,
el fuego o la vaguedad de lo incierto.
Cómo escapar de la eterna soledad
sólo con la desconocida voz
del comercio,
filtrada por cualquier espacio
que mi debilidad puede dejar abierto...
Dónde encontrar la verdadera
sonrisa ante lo venidero,
sin el temor de extraviarse
en el abismo del espacio o del tiempo.

Lágrima

Tu voz en mis ojos,
tu piel en mi aliento.
La ternura empieza
y un mar de palabras
se derrama en tu cara.
Hablas, observo,
leo y callas.
Tu sonrisa me llena el alma,
estremece mis poros
y me provoca...
    un pedazo de agua.

Pretexto

Resulta que eres el mejor pretexto
para recordarte.
Puede caer la noche y con ella
Madrid envuelta en su arte,
en libros de inventos o de historias.
Pensaré en el menú de mañana
para preparar rojos labios
de queso y miel...
aderezados
con la deliciosa sonrisa
que en tu rostro inventas.
Suena el reloj. Sigue la hora.
Mi amiga no llega.
Mientras contaré contigo
tus miradas e indefinibles muecas.
Conformas el recuerdo de lo verde,
del ciclista en equilibrio
del placer andado
por recónditos caminos...

Dos

Dos lenguas y no el mismo lenguaje,
dos seres y una estrecha cama sin amor,
dos culturas, ni una sola idiosincrasia,
dos momentos, ni un recuerdo atrás,
dos ideales, ¿para qué diablos sueñas?
dos lámparas, una casa ajena,
dos ojos, una mirada lejana,
dos lágrimas, un llanto estúpido,
dos noches, un nudo en el pecho,
dos mujeres más, una es la procreadora,
dos sentimientos, pero uno es desamor,
dos planes, ninguno funcionó,
dos esperas, pero sin paciencia,
dos horas, una se perdió,
dos mentes, que nunca se encuentran,
dos personas, pero sólo una desea
dos actividades, que en nada coincidieron
dos, dos, dos,
todo lo contaba en dos
y ahora sólo es una, una, una
y ésa soy yo.

Caes

Caes en la soledad
de tres metros
en la soledad que nada pide
en la fructuosa soledad que te hace
volver la mirada
y sentirte solidario
con el hombre que trabaja para comer
pero nunca su hambre sacia;
con los niños que sonríen
porque desconocen la palabra esperanza;
con las mujeres que en una lágrima
expresan ser madres abnegadas;
entonces,
aprecias la fortuna que posees:
esa complicidad secreta
de la vida que te abraza;
sonríes,
piensas
y escribes…
que la soledad es nada.

Motivo

Me hace falta un motivo
para sonreír como antes
para creer que la vida es aún hermosa,
para sentir al sol de frente
y disfrutar del aire, del ave,
de la rosa...
me hace falta un motivo
para creer que los hombres
son mis hermanos
y mantendremos el corazón unido,
olvidando desventuras
y malentendidos.
Me hace falta un motivo para buscar
la luna y conversar con ella
con la curiosa mirada de todas las estrellas.
Me hace falta un motivo
para reír con los niños
y decirles quedito
lo mucho que les he querido.
Me hace falta un motivo
para comprender la ironía,
de que encontrando hasta mil
me hace falta uno solo,
para quitarme la vida...

No más

No está aquí, no estará más,
no iré allá, no tengo más que amar…
Las cosas llegan y se quedan
o toman sus maletas y se van
en ese viaje incierto que nos hace
perder su paradero y no encontrarlas jamás.
¿Recuerdos? Sólo eso son,
no son alimento para el alma
y menos para mi diminuto cuerpo.

¿Llegará algo nuevo?
Por supuesto,
siempre ha sido así.
Ya pasará, ya pasará y ya me había pasado
pero una sola llamada
me hizo estremecer de nuevo.
Primero la tarjeta, la foto es preciosa,
y luego esa llamada y luego otra vez
el desconsuelo… ¿para qué?

Me quedo sin ánimos, me caigo de sueño,
las noches vuelven a ser vacías
y vacío todo mi anhelo
No puede llamarse justicia
¿para qué la busco?
Es una palabra inexistente
que sólo aparece en el diccionario
pero jamás en el corazón de la gente.
Los pordioseros pidiendo dinero,
yo pidiendo…
¿qué era? ¿amor, comprensión?

Nada llegó, nada se irá, mejor.

Mientras hay que soportar el amanecer
con esta tristeza, que no sé de dónde salió.
Hay que enfrentar el día
con todo el trabajo que implica,
hay que responder las preguntas,
que será mejor no surjan.
Hay que olvidarte, heredero de Shakespeare,
hay que ignorar el poema que ya borraste.

Cuando te pienso

Puedo nombrarte, pero no tenerte,
volver al día con una gran
desesperanza en la vida,
con un vacío reflejado en mis manos,
en el corazón y en el sexo;
anhelar un verdadero beso
que se impregne en el alma,
que se adhiera a mi cuerpo,
y que me haga inmensamente feliz
por tener algo tan bello.
Quiero abrigar ilusiones
que no queden en el vacío y la nada,
que me muevan a despertar
con la felicidad del alba.
Necesito olores nuevos
que perciba desde mi lecho,
que me persigan todo el tiempo
y que construyan aunados a una voz,
maravillosos momentos.

Gratitud

Me gustan las tardes con olor a tu recuerdo,
con un maullido en la estancia
y luna llena en el cielo.
La penumbra dibuja en mi mente
la suave línea de tu cuerpo,
una melodía, un murmullo
y un verso...
Tu imagen es mi compañera
y no necesito más que el silencio
para mirarme con plenitud al espejo,
para recorrer el pasado
con miradas de consuelo
que ante ti se convierten
en el bello sueño
que la juventud primera
me ofreció con tanto empeño.
Te amo
y doy gracias a la fuga del tiempo
que en mi interior no has muerto.

Renuncia

Hijo,
estuviste primero en mi mente
y no pasaste de ahí.
Te concebí en el momento
en que amé el viento y las flores,
escuché tu voz entre un quejido
de mis noches
y descubrí tu luz con el brillo
del amor...
supe que crecerías
a la par que mi vida
que vendrías a eliminar
todas mis soledades
con tu tierna compañía.

Sin embargo, perdóname.

Yo no sé si tú querrías
aceptar éste mi mundo,
en el que han caído mis ilusiones
al ver a tantos niños
que están aquí, no sé,
tal vez por amor o por descuido,
que se educan con enajenación
sólo para adaptarlos, ¿a la civilización?
a quienes no se les habla
más que de violencia
y no se les instruye
más que en el poderío.

Perdóname, con una lágrima te lo pido.

Me he decepcionado de la vida
y no quiero que te pase a ti lo mismo.
No podré jamás procrearte
porque el mundo que te prometí
ya no es el mismo
y no sabría cómo justificar esa pérdida
teniendo contigo tu presencia.

Te amo
y no quiero lastimarte,
quédate donde estás
y ten ahí la dicha
que aquí no existe más.

Señor

Hoy me acerco a ti
no para pedirte lo que ayer pedí
sólo vengo a agradecerte
el gran amor que siempre me faltó,
la hermosa sonrisa que antes de nacer
en mi rostro dibujaste
pero que el paso del tiempo borró.

Agradezco la dulce esperanza
de la vida que en mi ser depositaste
cuando el amor o la casualidad me concibió,
aunque la realidad humana
atinadamente de mi interior arrancó.

Vengo en nombre sólo mío
a decirte gracias por el alma inmaculada
que tu grandeza me otorgó
y que por la moral, los prejuicios
y el engaño, se ha cubierto de temor.

Agradezco el cuerpo que me formaste
para hacerte en él un templo
y que tristemente se ha derrumbado
al convertirse en perfecto motivo de
comercio.

Agradezco ese amor por las flores,
las aves y la lluvia
que se han quedado en el recuerdo,
para brindar con misiles
el más escalofriante juego.

Gracias por la feliz infancia
que los niños ya no tienen,
por la tranquila vejez
que prendida del tiempo
se ha quedado,
por la hogareña paz
que entre llantos,
lamentos y carencias
se ha extraviado.

Agradezco la fortaleza que me diste
para aceptar que ya no habitas aquí,
en el corazón de los hombres,
que existes pero no en la bondad
de las verdaderas almas,
sino en los niños olvidados,
las guerras incesantes
y las mujeres preñadas,
alguna vez, tal vez,
lejanamente amadas...

Fugacidad citadina

Paisaje del cielo, de la tierra
y del alma
con murmullos de lluvia
y la primera caricia nocturna,
líneas de agua en la ventana
confundidas con lágrima alguna.
Ocaso celestial y luminoso.
Entre brumas
la ciudad abajo oscurece,
la descubro entre la ágil carrera
de la tupida arboleda.
El infinito aguarda imperceptiblemente
la caída de un sol
que irremediablemente se pierde.
Pero el viaje termina y acaba con la emoción
que me embargaba,
la realidad entre la gente es otra,
es dura, cruel y fría.
Surge la palabra civilización
y muere la palabra vida.
Sin embargo,
la sonrisa del ocaso
y un minuto más
permitieron que devorara
del sol, esta nostálgica
e inolvidable mirada.

Mago

Vivimos en una cueva y a mi madre no le gusta
escuchar cuando pasa el tren porque ella
siente que todo se mueve y no puede dormir.
Yo en cambio, disfruto mucho el ruido y hasta
puedo sentir el vaivén de los carros, como si
yo misma fuera viajando, al ver pasar las luces.
Ella decide colocar una pared de piedra, de
una sola pieza para evitar que pase el tren, y
todos los niños de la escuela vienen a ver
cómo se va a detener, traen sus cámaras y
todo. Entonces, cuando el tren tiene que
pasar, me da miedo que el maquinista no
tenga tiempo de frenar y se estrelle contra esa
pared. Mi madre se queda dormida y en el
momento menos esperado, alguien viene a
despertarla para regañarla por haber puesto
esa pared, ella no logra despertar y empieza a
gritarle a su hermano que la deje en paz, que
no le vaya a hacer daño. Intento despertarla
para explicarle que no es mi tío quien la llama
sino los trabajadores de la vía, que vienen
colocando los rieles en partes, con trozos de
madera viejos y aceite quemado. Ella casi me
regaña a mí, por haber permitido que se
pusiera en ridículo llamando a su hermano, y le
explico que intenté despertarla pero no lo
hacía. Se trata de unos extranjeros que
empiezan a hablar en una lengua que no
comprendo y les pido, como puedo, que me
hablen en otro idioma. Mi mamá se queda
molesta con mi insistencia pero a la vez
aliviada de estar a salvo.

De cualquier manera no podemos permanecer
en ese lugar, hay que seguir nuestro camino
hacia el fondo de la tierra. Alguien me da una
cuerda de plástico y me señala el cuello, como
si se tratara de un suicidio, pero no, cuando
por fin llegamos hasta donde se supone que
nos llevaban distingo una laguna verde,
interesante y misteriosa, no me lo esperaba.
Me explican que es el centro de la tierra y al
tocar el agua tocaré el corazón del planeta.
Entonces comprendo que la cuerda era para
atarme a mí misma y evitar hundirme... pero
todavía no estoy convencida. De pronto, al
otro lado de la laguna veo que están arrojando
una gran cantidad de cuerpos semidesnudos
de indígenas que están durmiendo, les grito,
con toda el alma les grito que despierten, que
se van a ahogar y ellos despiertan y les pido
que naden para salvarse. Los que nos
llevaban se ponen furiosos de lo que he hecho
y me doy cuenta de que a nosotros nos iban a
hacer lo mismo. Siento una corriente eléctrica
en los brazos que no me permite moverme.
Como puedo, subo hasta donde encuentro los
controles de lo que parece ser una puesta en
escena, con todo proyectado como si fuera el
centro de la tierra y al descubrirlos les grito
con gran fuerza: "¡El mago de Oz, es un mago
de Oz!" se quedan sorprendidos y tratan de
atraparme, pero yo, rápidamente muevo
todos los aparatos diminutos que con una
proyección lumínica hacían ver un mundo real
y agigantado. Amontono todo en el centro,
casi despedazándolo y entonces les digo:

"Aquí está lo único que nos queda, las cenizas
y el escombro de nuestro inventado planeta."
Les he hecho ver, finalmente, que ya no es
posible vivir en la mentira.

Rienda suelta

Quiero dar rienda suelta a la tristeza
no sólo por saber lo que es estar liberada
de la honda nostalgia de un amor frustrado,
sino por sentir la estúpida alegría
de no vivir más de cosas pasadas,
de reírse ante cualquier cotidiana simpleza
y de mirar la vida de otra manera.

No es la ciudad, es la mugre que hay en ella
la que me ahoga y estruja el corazón
como si no sintiera nada…
Era un parque, un atardecer hermoso
y dos palabras indiferentes
que nada tenían que ver
con lo que yo quería escuchar.

Las risas (si las hubo) quedaron atrás,
como yo, cada que empezábamos a caminar;
la ventaja no eran sus largos pasos,
sino la simple forma de mirar las cosas
en su más elemental existencia.

Si algo sucede bien; si no, también.
Era tan sencillo y no lo entendí otra vez.
Era así de fácil y fugaz y yo todavía
soñaba ser amada sin dudar.

Fue así de fácil y así de doloroso,
Almodóvar fue dramático, yo más.
Todavía con una llaga en el corazón
que de veras parecía una llaga,
tuve el impulso de acercarme y llorar

pero él dormía y estaba más lejos de mí
de lo que él mismo imaginaba.

Fue un mal sueño, un absurdo,
adiós Cuba, adiós a las cubanas
tal vez una de ellas y mi femenina curiosidad
lo derrumbaron todo;
adiós Chiapas, pienso en San Cristóbal
que nunca más acariciaremos con los pies,
ni con palabras, ni con nada.

Luna

La luna se colgó de la ciudad
y veló nuestro encontrado sueño.
Lo miré a los ojos
y me abandoné al momento.
Soñar, vivir, amar.
Palabras que se conjugan
con las lágrimas.
Fugacidad nocturna.
Amor incierto y
la contemplación de la esperanza
desde la puesta de tu sonrisa.

Abrirte los poros
y contemplar tu alma.
Mirarte a los ojos
y compartir tu calma.

Soñar.
Soñar con tu sonrisa abierta.
Vivir.
Viviendo, amando.
Amar.
Amar en la oscuridad incierta.

Coincidencia

Pensando en ti
recordé tu pelo,
tus ojos
y tu cuello.
La perfecta coincidencia
que tienen nuestros cuerpos
envueltos en uno solo
yo contigo,
tú adentro...
Unidos con el alma,
con el pensamiento
y con el sexo.

Dicha poética

Un poema de mi alma brota
aunque los motivos
ahora no me importan
porque el ahínco poseo
sólo de escribir
sin contar detalles,
recordar pasajes
o contemplar amores;
sin revivir sensaciones,
ni hermosos momentos,
ni crueles tormentos.

La pluma ahora vuela
apenas titubea
para acompasar el ritmo
y hacer rimar el verso,
pero con la necedad
del pequeño niño
el corazón sólo dicta
lo que siente y anhela:
¡pobre corazón!
aún ignora la razón de su escritura
y feliz (sin embargo) sonríe,
al ver cada vez más letras en las líneas
que sin belleza ni medida
reflejan la intención de expresar
el sentimiento
nacido del todo
y de la nada,
que lleve con sonrisa alegre
y corazón abierto
la melodía entera

y tupida de contento
al Dios amado,
imprimiendo la gratitud sincera
de poder amar
y escribir amando.

Humanidad

Humanidad incierta
llamada al vacío
corazones sin fronteras
para derramar en lluvia
la angustia, el dolor, el desaliento
que al mismo Dios
deja sin palabras y sin nombre.

Humanidad desquiciada
ampáranos en el seno
del desconsuelo
y déjanos una leve esperanza
de vida para los ancianos niños
que no conocen aún el dolor
de perder y perderse,
el desatino de haber nacido.

Humanidad soberbia
no busques todavía cumplir tu destino
deja que el sol, primitiva deidad
nos indique el sendero,
el camino que hemos perdido
en el rumbo de una historia
equivocada y loca
que no supo distinguir
la derrota del vencedor.

Humanidad incierta, desquiciada y rota.

Ruego

Madre mía:
¿A dónde irás cuando mueras?
No, no quiero que te vayas,
no quiero que me dejes;
pero si te vas
tómame de la mano
y llévame contigo;
entonces
podremos irnos
a todos los lugares
que conocer has querido,
sin un cuerpo que nos ate a la tierra,
con la libertad en el alma puesta
viajaremos a donde tú quieras...

pero Dios, no permitas
que en el negro infinito de la muerte,
mi madre se pierda.

Fe

Universo: haz que germine en mí tu fe.

Admiro la fe de la gente,
la fe que les hace creer
que puede haber un mundo mejor
basado en la fraternidad
y no en la guerra y el terror.

Admiro la fe que poseen
porque saben que no lejos,
allá arriba y en el corazón
hay un ser que la paz nos brinda
y nos ofrece sólo amor.

Admiro la fe que la gente tiene
para obrar con paciencia infinita
y ver el noble anhelo de la vida,
creyendo que aún es útil su trabajo
en el taller, en el aula, en la oficina.

Admiro la fe de la gente
porque tenerla los hace felices
y les permite sentir de una canción
el filial sentido que contiene
haciéndoles vibrar con más fuerza el corazón.

Por su fe, a la gente yo la admiro.

Estallido

De nada me sirve extrañarte
de nada me sirve buscarte
esperarte, desearte y amarte.
En vano es mi deseo de tener tus manos,
de construir para los dos un futuro,
de reservar sólo para ti mis muslos,
mis besos y mis infinitas ansias
de volar contigo al cielo.
Es más sensato abrigar
la soledad como fiel compañera,
que supla cada una de las caricias
que de ti, mi cuerpo espera,
para entregarme al olvido,
al abandono de saber
que para mí no eres,
a la sensatez de entender
que nuestros destinos no son uno solo
y por tanto caminarán distantes,
hasta llegar a la culminación
del alma convertida en viento,
en tierra, en fuego,
cuando no exista más
la prisión de un cuerpo
que enfermo de angustia
y de soledad haya muerto.
Entonces
mi esencia buscará tu aliento
para envolvernos justamente
cuando estalle el universo
en partículas de sexo
y desquiciamiento.

Beso mariposa

En la calle me estás esperando
y me acerco.

Cuando me encuentro
frente a ti
me abrazas
con las alas dobladas
hacia arriba
y me das un beso
que parece de mariposa.

Me estremezco
y no puedo aguantar la bella emoción
de un vuelo casi imperceptible:
un beso de mariposa.

Amante

La vida se me escapa en el instante
que tu mirada posas en la mía
y una palabra sé que bastaría,
para en tus brazos fallecer amante.

Gran desconsuelo para mi alma errante
es sentir sobre mí tu imagen fría
sin leve esperanza de que algún día
descubras que te la otorgo anhelante.

Sé que no existe después de la muerte,
ni gloria ni infierno que nos espera,
en esta vida mi infierno es no verte

estar a tu lado mi gloria fuera;
sin aguardar el temor de perderte,
y sentirte real, no una quimera.

Visita

Hoy tuve una visita en la casa
y me sentí avergonzada,
de ofrecerle en jarro un café sin leche,
y de no tener un baño elegante
para una espléndida morada.

Hoy me avergoncé de mi miseria
de mi calle sin empedrar,
del cabello de mi madre
y de sus pies sin arreglar.

Hoy desprecié todos los santos
que mi madre venera en su altar,
los desprecié por las arañas que guardan,
por sus gastados marcos sin limpiar.

Hoy me avergoncé del canto de los gallos
que el profundo sueño interrumpieron,
porque a mi distinguida visita,
prolongar su descanso no le permitieron.

Pero en cuanto mi casa atrás quedó
me avergoncé de no tener corazón
para regarlo por completo
y recoger de cada rincón
lo más valioso que guarda:
el alma de una mujer
que en vernos vivos se ha empeñado,
rogando a sus santos con el alma entera
que de nuestra vida el camino
de sencillez florezca.

Hoy he tenido la vergüenza
de no ser la persona humilde
que mi madre espera que sea.

Perdón.

Esclavitud

La gente te esclaviza
con cadenas
de color rosa o azul
según tus genitales.
Con tus necesidades en la vida,
no necesariamente vitales,
con las cosas que posees,
para que los demás te admiren;
con las cosas que no eres,
para que tampoco te humillen.
Te esclaviza para amar,
para definir quién eres,
para que no te salgas
de la ruta de los rieles,
de tu tren llamado destino.
El trabajo te esclaviza
para no ser igual que el vecino,
para ser más, para ser alguien,
para tener un nombre
que no acepte imitaciones,
ante el imposible de ser original.
El dinero te esclaviza
para que compres,
para que ahorres,
para que más tengas
y ser feliz pretendas,
a costa de los demás
que nada tienen,
que nada valen,
que nada serán...

Aquí

Estoy aquí
aguardando tu voz,
tus manos y tu sexo,
estoy aquí
como tú me has enseñado
con un desconsuelo en la mano
y una avidez en el cuerpo.

Estoy aquí
escuchando la melodía del pasado
que se torna tan lejano
y sin embargo, tan deseado.

Estoy aquí
navegando entre la noche,
atada a la vaguedad de la esperanza,
tratando de fallecer
entre tu ausencia y mi flaqueza
por no entender tu lejanía...
invocándote,
recordándote,
amándote,
deseándote,
perdonando tu descuido,
mi llanto y mi delirio.

Y tú, volverás como siempre
entre la ausencia del recuerdo,
por el angosto callejón del olvido.

Necesidad

Necesito escribir
para no ahogarme
con mis propias palabras
necesito gritar
la náusea
que la falsedad me causa
el mareo que esta pobreza del alma
me calcina los pies
el estómago y la cara
no quiero el dinero
no me quedan ni las ganas
de buscar una esperanza
me siguen enfermando
las canciones vanas
y las estúpidas figuras
que en los medios hablan
no quiero más armas
ni fuego ni sangre
ni profanas palabras
estoy cansada
de imaginar cosas
que nunca pasan
las hojas han muerto
las ciudades son trampas
y las sonrisas falsas
los gritos me cansan
y yo no logro aferrarme al mañana
ya no quiero soportar más
las hambrientas caras
que me encuentro en el metro
bajo los puentes o en la plaza
no me interesa ganar

una pizca de plata
sólo espero escuchar
que no hará frío mañana
que las ofertas terminaron
y que la comida se regala
sin colesterol
sin calorías
y por supuesto
sin exceso de grasa

Palabras

Unos haciendo la guerra
otros intentando servir
muchos hablando de paz,
el caso es encontrar
algún modo de vivir.

En cambio yo
no he venido a inventar historias,
ni a impartir doctrinas,
quiero solamente expresar con palabras
lo que el alma me dicta.

Ciclo

Nacemos

Crecemos

Intentamos vivir

Y perecemos...

Intento

Dulce recuerdo de un intento.
Infinita nostalgia por lo que no fue.
Corazón amoroso,
tierno capullo y refugio del amor.

María Celeste:
tu nombre en nubes grabado está
en el celestial infinito de dulzura
que tu breve, instántanea presencia
nos ha impregnado
para llevarte aquí,
silenciosamente
entre nosotros
con el más poderoso pensamiento
que podemos ofrecerte.

Quédate, en nosotros hay un espacio
para amarte, soñarte
y eternamente aguardarte.

Espéranos,
en tu viaje
algún día
hemos de acompañarte.

Cuerpo vida

Cuerpo de mujer
que se prolonga de sonrisas,
lluvia de esperanzas
que depositan en un ser
la luz de una semilla.

Cuerpo frágil,
bello, fuerte y humano
en el que surgen
las líneas de la misericordia
y la melancolía.

Cuerpo de mujer
que se ha quedado
prendido de la vida.

Herida

La tierra está sangrando
y es una herida abierta
que nos duele a los dos,
mancha negra de la ambición
y la mentira
que destroza el vientre
que nos ha dado vida.

La tierra sangra,
y no hay forma de aplacar
la negra muerte que inunda
el jardín azul de la mar,
rincón de juegos de estrellas,
corales, delfines,
tortugas y peces
que perecen
víctimas de nuestra propia arrogancia
por un mundo sordo,
inútil, oscuro, egoísta
y torpemente ciego.

La sangre de la tierra
no perdona el abandono,
ni limita la oscuridad del cielo,
sangre amarga derramada
en aras del progreso
que nos demuestra
la estupidez del poder
vanamente oculta
bajo el rostro del comercio.

Herida abierta
que duele conocerla,
que no podemos comprender;
sangre muerta,
muerte de sangre
que no alcanzamos a ver.

La tierra está sangrando
y es una herida abierta
que no deja de doler.

Espera

En la fortuna de tener llenas
las cuencas de los ojos
mantenemos la distancia
que no deja más huellas que el anhelo
antes de volvernos otra vez niños,
envueltos en la delicia
de la espera y la esperanza
sin imaginar el paso de los años
ni el peso de la vida,
como si el mundo existiera
por delante y por detrás,
oscuro, lleno, profundo, denso, infinito,
como ese camino que me llevaba a ti,
en la dicha de ser jóvenes y ansiosos
con una mirada
que apenas me tocaba el alma,
con una paciencia
que me hacía esperarte porque sí.

Las manos llenas de azules venas,
verdes caminos de ilusión atrasada,
en la fortuna de mantener
nuestras cuencas llenas,
para abrazar el verano
con mordidas de frutas de colores,
para tirarse en la hierba
y observar las estrellas invisibles
que nos señalaban un camino cruzado,
apenas en un encuentro
de nuestras vidas perpendiculares.

Es la fortuna de pensarte,
aún en otras dimensiones,
las cotidianas, las vanas,
las de la vida de por sí,
y mantenerte aparte,
donde siempre has permanecido,
callado, sonriente, malicioso, enigmático.

En esa loca fortuna de contar todavía
con la inaudita posibilidad de verme
en la luz de las cuencas de tus ojos.

La creación de los ángeles

En el fondo del mar Carolina está sentada viendo los peces, la distingo entre las plantas marinas y quiero saber qué hace, pero ella permanece ahí, inmóvil con la mirada fija hacia la luz de la superficie. Entonces me acerco y desde donde estamos puedo ver que en la profundidad hay una concha que se abre cada vez que se escucha la nota musical más hermosa que jamás haya oído. Ella me aclara que es la perfección de la música y que sólo ahí se puede oír.
Cada vez que se oye la nota, la concha se abre y en el cielo se crea un ángel...